AF500667

ESSAI

SUR

L'ORGANISATION DU TRAVAIL

ET

DES TRAVAILLEURS,

Par Frédéric DÉBESSÉ.

BORDEAUX,

TYPOGRAPHIE ET LITHOGRAPHIE DE E. MONS,

Rue Arnaud-Miqueu, 3.

1848.

ESSAI

SUR

L'ORGANISATION DU TRAVAIL

ET DES TRAVAILLEURS.

De toutes les questions sociales qui se trouvent aujourd'hui livrées à l'examen, la plus immense est celle de l'*Organisation du Travail;* mais je ne crois pas que le moment soit venu de la résoudre dans le sens indiqué par quelques hommes de cœur et d'intelligence. Il faut encore que la société actuelle ait subi diverses modifications progressives avant que le grand problème puisse être résolu.

Il me semble donc qu'il s'agit, pour à présent, d'entrer dans la voie, de préparer, d'ensemencer le terrain : le moment de la récolte n'est pas encore venu.

Il faut simplement prétendre aux conquêtes que nous permettent d'espérer l'état présent de la société, nos habitudes, nos mœurs et la révolution qui vient de s'accomplir.

Les esprits généreux qui s'étaient bornés à la méditation, veulent aujourd'hui faire passer dans la pratique les réformes qu'ils ont élaborées; ils veulent organiser le travail. C'est avec une profonde conviction, et après avoir vainement cherché dans les divers systèmes un résultat applicable, que je suis obligé de modifier la question et de dire que, pour le moment, il faut se borner à demander l'*organisation des travailleurs.*

Le jour de la justice a enfin lui pour eux; le Gouvernement a proclamé leurs droits : il faut nous en réjouir, car les travailleurs apportent leur large tribut à la prospérité du pays; ils contribuent à sa force et à sa défense. Leur dévoûment est d'autant plus méritoire, qu'il est généralement déshérité des jouissances qui adoucissent et tempèrent la rigueur du travail : à tous ces titres, la société leur doit une large et constante protection.

Mais il faut aussi que ces travailleurs comprennent que dans un moment où le monde intellectuel et moral s'émeut en leur faveur, ils ont besoin de conserver cette patience, cette résignation, ce courage qui constituent leur plus beau titre à l'admiration et aux sympathies de tous.

Car une œuvre de régénération doit être pacifique pour porter ses fruits; les résultats ne peuvent s'obtenir en un jour.

Je ne traiterai pas cette question sous le point de vue de la science et de l'érudition; j'épargnerai à mes lecteurs des statistiques établies avec autant de persévérance que d'incertitude. J'espère qu'en nous livrant à un plus modeste examen, nous pourrons en obtenir des déductions aussi claires et aussi concluantes.

Je suis d'abord frappé des termes dans lesquels on avait posé la question : — *Organisation du Travail.* — Est-ce à dire que le travail n'a eu, jusqu'à présent, aucune règle?

Le travail est la loi générale de l'humanité, loi divine qui n'est inscrite dans aucun code, mais qui est inhérente à l'individu ou plutôt à l'organisation du monde dans lequel nous vivons et qui nous enveloppe de toutes parts.

L'argent est le représentatif de tout ce qui est nécessaire à la subsistance, à la vie, au bien-être, au repos et aux jouissances.

L'argent ne s'acquiert que par le travail.

Voilà donc une loi primordiale qui oblige l'homme au travail.

Une autre loi divine a établi dans les forces, dans l'intelligence, dans les aptitudes, les volontés et les penchans, une diversité, une multiplicité variable qui font la force générale par le concours particulier de tous les efforts contraires. Cet ensemble de forces, d'impulsions contraires constituent le mouvement de la société.

L'élasticité des combinaisons, les lueurs de l'espérance, le vaste champ ouvert à l'imagination, la possibilité du succès, activent, entretiennent, aiguillonnent l'émulation; l'émulation, ce puissant moteur qui soutient le courage, relève le lutteur et vivifie le monde, surtout si, dans nos lois et dans nos mœurs, nul ne trouve une barrière qui s'oppose à son élévation, quand elle a pour base le travail et l'intelligence.

Dans l'état actuel, tous les biens, toutes les récompenses sont placées, pour ainsi dire, au sommet d'une montagne que chacun peut et doit gravir. L'homme n'est point livré à l'indolent espoir d'un partage; de ses efforts, de sa persévérance et de son courage dépend la part qu'il peut obtenir.

Et ne faudrait-il pas conclure de ces premières considérations qu'à defaut d'une loi humaine qui organise le travail, une volonté divine y a pourvu?

En plaçant tous les biens dans la plaine pour en faire une distribution ou les régulariser, n'est-ce pas s'exposer, même avec tous les efforts de la justice humaine, à produire un inextricable cahos et des perturbations immenses?

Organiser cet ensemble, organiser le travail, c'est donner une règle, c'est imposer une loi, une obligation à ce qui a besoin de mouvement, d'étendue, de liberté entière, à ce qui ne peut et ne doit trouver d'autres limites que celles qui dérivent des nécessités de l'ordre général ou de la moralité publique!

Je ne crois donc pas notre société arrivée à ce point de maturité qui permettrait l'organisation du travail comme l'entendent des hommes éminens qui se sont occupés de cette grave question, et ce qui tend à me le prouver, c'est l'inutilité des efforts tentés jusqu'à ce jour pour donner même un commencement de satisfaction à des intérêts si long-temps méconnus.

Je conclus en disant que, pour la masse des travailleurs, pour tous ceux qui sont dans l'état de santé, de moralité, de validité, qui trouvent un aliment pour leur force, pour leur intelligence, qui sont aujourd'hui ouvriers et pauvres, et peuvent demain être maîtres ou riches par le travail, je dis que l'heure ne me paraît pas venue de réformer un mouvement, des rapports qui contiennent tous les excitans de l'émulation ou de l'espérance.

Mais il y a des questions subsidiaires qui sont tout aussi graves que la question principale :

1°. Que doit-on faire pour améliorer le sort des travailleurs de certaines classes voués à des professions et des travaux dont le salaire ne suffit pas à leurs besoins et à ceux de leur famille ?

2°. Que doit-on faire pour améliorer le sort des travailleurs qui, par des circonstances fatales, indépendantes de leur volonté, ne peuvent, malgré leurs efforts, se procurer le travail auquel ils sont aptes et ne peuvent ainsi pourvoir à leurs besoins et à ceux de leur famille ?

3°. Que faut-il faire pour les veuves et les orphelins qui, privés subitement de leur appui et de leur protecteur par la mort du chef de famille, se trouvent livrés aux horreurs de la misère ?

4°. Que faut-il faire pour les travailleurs qui, par maladie, ne peuvent gagner le salaire nécessaire à leurs besoins et à ceux de leur famille ?

5°. Enfin, qu'adviendra-t-il pour les vieillards que la faiblesse ou les infirmités de l'âge arrêtent dans leurs travaux ?

A mon sens, c'est sous ces divers aspects seulement qu'il est urgent, qu'il est moral de pourvoir à une organisation. Voilà les véritables plaies du travailleur ; là seulement vous trouverez les motifs de ses justes plaintes, la cause de ses douleurs, de ses préoccupations.

En effet, le travailleur-prolétaire, même dans les momens les plus prospères, lorsqu'il reçoit un salaire élevé, lorsque son existence présente est largement assurée, ne peut jouir en paix du fruit de ses labeurs. Son imagination est incessamment saisie de ces menaçantes pensées :

Que ferai-je si l'ouvrage vient à me manquer ?

Que deviendrais-je si j'étais atteint d'une longue maladie ?

Que deviendront ma femme et mes enfans si je meurs ?

Quand je serai vieux et que je ne pourrai plus travailler, me faudra-t-il tendre la main ?

Voilà les véritables questions dans toute leur simplicité. Qui ne se sentirait ému d'un vif sentiment de confraternité et de sympathie au simple énoncé de ces formules, qui font un appel sacré à tout ce qu'il y a de généreux dans le cœur de l'homme?

Il ne faut donc plus s'occuper d'organiser, c'est-à-dire, d'entraver les ouvriers qui travaillent, qui vivent, qui pourvoient à leurs besoins; il ne faut aucun remède pour la partie saine. Appliquons-nous seulement à soulager la partie malade.

Ceux de mes lecteurs, qui approuvent ce raisonnement, comprennent déjà que la question est excessivement simplifiée.

La question étant ainsi dessinée, que faut-il faire?

Pour arriver à une solution véritable, ou du moins pour s'en rapprocher, il faut, avant tout, se défier des utopies.

Cependant le mal existe : rien encore n'a été fait pour le prévenir ni pour l'arrêter. Quoi qu'on fasse, le moyen à proposer sera un moyen nouveau ; il ne faut donc pas s'effrayer au premier mot ; il faut étudier avec calme, accueillir les idées nouvelles, et ne les rejeter qu'autant qu'on aura reconnu l'impossibilité de leur application.

Rappelons-nous un fait bien caractéristique. Il y a à peine deux années, un citoyen, frappé des avantages de la création de la caisse des invalides, eut l'idée d'appliquer aux Français employés dans les fonctions civiles, un bienfait qui avait réussi pour les Français attachés aux armées. Il présenta timidement une pétition à la Chambre. L'organe officiel du Gouvernement de cette époque enregistra dans ses colonnes qu'un immense éclat de rire avait accueilli et enterré, sans discussion, cette généreuse idée.

Mais l'histoire des peuples nous apprend que certaines pages empreintes de cette jovialité ont été, plus tard, remplacées par des feuillets tachés de sang.

Dans ce moment de régénération, où tous les nobles cœurs, où toutes les âmes élevées s'occupent des malheurs de l'humanité, gardons-nous de condamner, sans examen, les idées nouvelles. La société fraternelle commence : il faut un concours unanime et bienveillant pour qu'avec la République puisse s'inaugurer l'ère nouvelle des travailleurs, ces membres utiles et dévoués de la grande famille.

Pour cela, il est indispensable de tracer rapidement un tableau de la position actuelle de la France.

Une grande révolution vient de s'accomplir; le combat s'est livré sous le drapeau politique; mais l'idée sociale avait formé les combattans. C'est la foule long-temps comprimée des travailleurs qui est venue prendre place au banquet; elle a détruit la corruption en invoquant la probité. L'égoïsme est chassé, et c'est la fraternité qui triomphe.

La conséquence et la vérité de ces faits se traduisent par un grand symbole qui frappe le pays et l'Europe d'étonnement et d'admiration.

La personnification du travail, c'est-à-dire les ouvriers et les patrons viennent s'asseoir dans les fauteuils du Luxembourg : la personnification du pouvoir — Louis Blanc — passe sous le niveau : il n'y a plus de distance : les grands intérêts ne sont plus réglés par l'arbitraire ou par la force; on s'éclaire, on débat, on s'entend.

En présence de ces faits immenses, il faut bien se persuader qu'on ne peut pas reculer; il faut que ces faits produisent toutes les conséquences possibles pour les travailleurs. Les ouvriers sont justes, généreux, patiens, dévoués: ils apprécieront tous les efforts tentés en leur faveur; mais il faut agir envers eux avec confiance, bonne foi, dévoûment, leur donner tout ce qu'ils ont conquis.

A ce prix seul, nous sortirons des révolutions, nous arriverons au bonheur, et la France sera grande, unie et forte.

L'égoïsme seul peut nous perdre; il faut le combattre à toute outrance.

La France vient d'écrire sur son drapeau : *Fraternité.* Il ne faut pas que notre révolution renie son origine, et si la République veut durer, il faut qu'elle soit fidèle aux principes par lesquels elle a été inaugurée.

Or, dans une société qui se dit civilisée, fraternelle, humanitaire; chez une nation qui, dans l'ardeur même du combat qu'elle livrait pour reconquérir ses droits, saluait l'image du Christ, parce qu'il avait dit au monde il y a dix-huit siècles : « aimez-vous les uns les autres, » n'admettra-t-on pas que le plus saint, le plus sacré des devoirs est de faire passer, avant toute autre préoccupation, celle d'assurer sinon le bien-être, du moins l'existence de tous les membres de cette société?

N'est-ce pas le plus imprescriptible des droits, pour le citoyen libre d'une grande patrie, de réclamer et d'obtenir sa part de subsistance et de secours, lorsqu'après avoir accompli tous ses devoirs, il est en proie à une détresse imméritée?

N'est-ce pas le plus grand des devoirs pour un pays qui veut être digne de conserver sur sa bannière la sainte devise de la fraternité, de pourvoir aux besoins de tous ses enfans ?

Si ces vérités sont admises, il ne faut plus s'arrêter à chercher de vains palliatifs, à combiner des demi-mesures ; il ne faut plus pâlir sur des problèmes insolubles ; il ne faut point s'amuser à chercher une alliance impossible à déterminer entre le capital, l'intelligence et les bras ; il ne faut plus rêver l'égalité du salaire. Le seul moyen de résoudre la question est de dire :

« L'ÉTAT SERA CHARGÉ DE POURVOIR A TOUTES LES ÉVENTUALITÉS QUI MENACENT LE TRAVAILLEUR. »

Je veux que ce soit l'État, parce que je désirais une base unique pour l'organisation, et que ce système me la fournit. Je dirai plus tard quels grands avantages on peut espérer de sa puissante intervention.

Je ne crois pas d'ailleurs que des projets épars dans diverses localités, que les volontés particulières, les essais par fraction puissent produire autre chose que des avortemens ; il faut un centre unique et puissant pour la réalisation des grandes réformes.

Si cette première idée est admise, elle entraîne nécessairement la création d'un *ministère spécial des intérêts des travailleurs*.

Enfin, la conséquence de ce système nous conduit à l'établissement d'un *budget de recettes et dépenses des travailleurs*, car en proposant de créer une charge pour l'État, il faut trouver les ressources suffisantes pour y faire face.

Pour trouver ces ressources, il faut reconnaître un fait, qui est celui-ci : la société est comme une famille dans laquelle l'ordre, les ressources, l'économie des jours heureux et faciles peuvent seuls assurer le nécessaire pour les adversités, pour les jours mauvais, pour la maladie et pour la vieillesse.

Il faut donc que tous les travailleurs, sans exception, depuis les ministres qui présideront aux affaires de l'État jusqu'au simple laboureur, que tous, travailleurs par les bras, par la pensée, dans l'administration, dans le commerce, dans l'atelier, dans la boutique, que tous subissent une retenue minime, mais proportionnelle sur leurs salaires, sur le produit de leurs œuvres, que tout travail qui ne se fait pas sous les yeux d'un patron ou maître, mais qui se traduit par la vente, et qui prend place dans les arts, les sciences, la littérature, subisse la retenue proportionnelle de sa valeur, et que ces prélèvemens modérés, mais multipliés à l'infini et perçus presque insensiblement, mais à chaque instant, forment les recettes du budget particulier et spécial des travailleurs.

Pour ceux qu'effraierait l'exécution de cette mesure, il faut, quoique je me sois fait une loi d'éviter les questions de détail, que je démontre par quels moyens on arriverait, sans frais, sans embarras, au recouvrement de cette retenue sur les salaires des travailleurs.

De même que l'État fait débiter pour des sommes considérables et dans le plus grand détail le papier timbré, de même je voudrais que les mêmes fonctionnaires du timbre eussent le dépôt des *bons de retenue des travailleurs* dans toutes les proportions. C'est là que le maître, le patron, le chef de fabrique, d'atelier, d'usine, viendrait prendre, en le payant par bloc, le papier qui formerait l'appoint des salaires ou le représentatif de la retenue, et dont le montant rentrerait à la caisse du travail.

Le travailleur garderait soigneusement cette quittance

de ses contributions qui constituerait ses titres; ce serait son jeton de présence au travail, sa justification auprès du syndicat, dont je parlerai tout à l'heure.

Un simple calcul démontre qu'en portant à 6 millions le nombre des travailleurs actifs, et qu'en prélevant, en terme moyen, sur leur salaire cinq centimes par jour, on arrive à une recette de 300,000 fr. par jour, c'est-à-dire à 109 millions 500 mille francs par année.

Il faut reconnaître une seconde vérité : la société, jusqu'à présent, a présenté dans les nombreuses classes qui la composent deux classes bien distinctes, et le fait se perpétuera :

1°. Une classe très-nombreuse de citoyens qui manquent des premières nécessités de la vie;

2°. Une autre classe de citoyens qui possèdent au-delà du nécessaire, au-delà du superflu, au-delà du luxe.

Je ne viens pas proposer de dépouiller ces derniers, à Dieu ne plaise! car le superflu et le luxe occupent et alimentent l'ouvrier. Mais je dis :

Il n'y a de société fraternelle qu'autant que les heureux, les favorisés du moment (car la fortune est inconstante), consentent à donner, sur leur superflu, du pain à ceux qui ont faim, des vêtements à ceux qui sont nus, et à rendre le travail à ceux qui le demandent sans le trouver.

Il suffit d'énoncer ces principes, qui sont ceux d'une éternelle justice, d'une impérissable morale, pour trouver une autre source où l'Etat pourra puiser les capitaux réclamés par les nouvelles charges qui lui seront imposées.

Il faudra donc prendre sur le superflu pour grossir le budget de recette des travailleurs; mais je m'empresse de dire que ce n'est point, à proprement parler, un impôt sur le luxe que je propose : je ne voudrais pas arrêter, par cette mesure, la dépense des riches, ni entraver dans son essor la consommation qui alimente certaines industries et nourrit un grand nombre de travailleurs. Je voudrais, non un impôt susceptible d'empêcher les dépenses de luxe, mais un prélèvement insensible, une parcelle arrachée aux joies du monde heureux pour contribuer à la réserve de l'infortune, le denier de la veuve; enfin, cette obole qui se donne sans regret, mais qui, répétée plusieurs millions de fois, et se détachant de toutes les bourses garnies et sur tous les points, formerait ce trésor sacré confié aux soins de l'État, dont la main protectrice et bénie pourrait calmer toutes les douleurs et sécher toutes les larmes.

Je veux, enfin, que des sommets de la société et des régions où planent, à toutes époques, les heureux du siècle, il se détache une rosée féconde et bienfaisante qui fertilise le sol où sont courbés les travailleurs.

Ainsi la première mesure serait, par exemple, en apposant le contrôle sur l'orfévrerie, sur les bijoux, d'ajouter au prix du contrôle une redevance au profit de la caisse des travailleurs; de combiner des moyens simples et peu dispendieux d'établir ce tribut; de l'établir sur tous les objets qui, par leur nature et leur prix, rentrent dans la consommation exclusive du citoyen favorisé. La modicité de la taxe peut seule en augmenter le produit sans en faire un impôt, et je ne doute pas d'une recette considérable.

Il est essentiel de déterminer le rôle que jouerait le capital dans l'organisation du travail. Le moment est venu pour moi de lui assigner la place qu'il doit occuper.

Je ne pense pas que, même dans le système d'association, le problème fut facilement résolu, car la part du capital ne pourra jamais s'apprécier que sous un seul rapport : celui de l'intérêt qui lui est afférent et qu'il représente; mais si, dans l'industrie, il est quelquefois la clé de voûte, souvent il n'est que d'un secours secondaire, lorsque le développement d'une fabrique, d'une usine, dépend du génie, de l'activité, de l'aptitude, de l'habileté de celui qui les dirige. Pourra-t-on taxer cette intelligence, et peut-on espérer de lui faire jamais une juste part dans les bénéfices ?

Et de plus, dans toutes les théories présentées, on parle toujours de la distribution des bénéfices; mais qu'adviendra-t-il s'il y a des pertes? Personne ne l'a dit. Tout le monde sait, cependant, que nul établissement n'est à l'abri de désastres qui peuvent surgir à chaque instant et par tant de causes.

Ce qui serait réel, applicable, juste, moral, ce serait de faire contribuer le capital à grossir les recettes du budget des travailleurs, et toujours dans une minime proportion, afin de ne pas effrayer les capitaux, de ne pas arrêter leur circulation, qui répand la vie, l'aisance et le travail dans toutes les parties du corps social.

Soit qu'on fixe à un pour mille, ou à un huitième pour cent la redevance pour la caisse des travailleurs, ne pourrait-on pas prélever ce tribut :

1°. Sur le montant des rentes de l'État lors des paiemens des semestres ;

2°. Sur le montant des ventes des meubles et immeubles, sur le capital social de toutes les sociétés commerciales directes, en commandites ou autres, qui se fondent, et qui sont tenues de s'établir par actes publics et authentiques;

3°. Enfin sur toutes les transactions qui se font par entremise de courtiers de commerce ou d'officiers ministériels? (1)

---

(1) Le recouvrement me paraîtrait facile à opérer au moyen du contrôle de l'enregistrement pour les actes publics, et par quelques ordonnances administratives pour les autres transactions.

Je ne me dissimule pas que tout le succès du plan que je propose consiste dans la possibilité d'établir un budget de recettes des travailleurs assez productif pour atteindre le but, sans que les redevances puissent grever la propriété ou l'industrie d'une manière assez sensible pour arrêter ou même entraver la production et le travail.

En dressant par aperçu ce budget, on pourrait indiquer les bases suivantes :

En opérant une retenue sur les traitemens, appointemens, salaires de tous les travailleurs, retenue qui, naturellement, serait proportionnelle et qui, sur les gros traitemens, donnerait un chiffre assez élevé, je pense qu'on peut, en minimum, calculer,

1°. 6 Millions de travailleurs (Lammenais en évalue le nombre, en France, à 12 millions), avec retenue de 10 cent. par jour, terme moyen, soit 600,000 fr. par jour, ce qui fait par année. 219,000,000 f

(La retenue de 10 cent. par jour fait supposer seulement un salaire moyen de 3 fr. par jour, passible d'une retenue de 3 p. % environ, ce qui ne paraît dans la vérité.)

2°. La rente payée par l'Etat s'élevant à 270,000,000 fr. environ, taxée à la retenue proportionnelle de 1 p. %, laisserait........ 2,700,000

3°. Les droits d'enregistrement sur la propriété foncière, et sur les personnes et biens meubles, donnent à l'Etat 170,000,000 fr. environ.

J'ai vainement compulsé divers ouvrages pour con-

A reporter......... 221,700,000 f

Comme j'aborde les détails, je suis obligé d'être concis et de me borner à ces indications. Le lecteur suppléera facilement à ce que je n'aurai pas développé.

J'ose croire néanmoins que sur ce simple projet pour la formation du budget de recette des travailleurs (et j'ai la conviction qu'il s'élèverait à un chiffre considérable), j'ose

---

Report...............	221,700,000 f
naître sur quel capital portaient ces droits; mais, en les calculant au taux moyen de 3 p. %, on voit que le mouvement porte sur un capital d'environ 5 milliards et $^2/_3$; en l'évaluant à 3 milliards et en le soumettant à une redevance de un franc par mille, on trouve.........	3,000,000
4°. Le mouvement des transactions commerciales, dont le contrôle est possible par le ministère des courtiers, agens de change, peut s'évaluer au moins à 3 milliards, soit à un fr. pour mille..	3,000,000
5°. La redevance sur les objets de luxe ne pourra s'évaluer d'une manière un peu certaine que par l'expérience; mais comme je pense qu'il faut la fixer à un chiffre extrêmement modéré, je n'en porte le produit pour la France entière qu'à....................................	2,300,000
	230,000,000 f

J'arrive ainsi à un chiffre de 230 millions, et l'on comprendra tout le bien que peut assurer aux travailleurs cette somme, même en la réduisant, quand on songera que toutes les pensions payées par l'Etat aux serviteurs de terre et de mer et des administrations, ne dépassent pas le chiffre de 60 millions de francs.

Pour se faire une idée des énormes revenus résultant des petites taxes souvent répétées, il suffit de songer aux primes d'assurances contre l'incendie, qui produisent des millions et qui passent inaperçues dans le budget des familles ou du commerce.

croire qu'on ne trouvera pas étrange la proposition première que j'ai émise en ces termes :

L'*Etat sera chargé de pourvoir à toutes les éventualités qui menacent le travailleur.*

Nous arrivons à l'emploi des ressources qui seront accumulées par la création du budget des recettes. Elles formeront un capital considérable, et dès-lors il est utile de connaître par quels moyens principaux elles pourront aider à soutenir le travail, à guérir, ou du moins à cicatriser les plaies qui, jusqu'à présent, ont affligé l'humanité et contristé le sentiment sacré de la fraternité.

Avant d'arriver aux détails, il est utile de dire un mot, non de l'organisation du travail, car je ne crois pas que le moment soit venu, comme je l'ai démontré, mais de l'*organisation des travailleurs.*

Si la base du plan que je propose est adoptée, car je ne raisonne que dans cette hypothèse, une idée nouvelle et immense surgira dans la société; c'est qu'au faîte du pouvoir, on aura créé une administration spéciale qui sera la sauvegarde des droits sacrés du travail et dont la sollicitude devra sans cesse s'occuper du bien-être des masses; une administration qui, fonctionnant au grand jour, offrira, pour l'avenir, non plus de vaines promesses, mais des garanties assurées à tous ceux dont les intérêts avaient été négligés ou sacrifiés sous tous les gouvernemens.

Dès-lors l'État, véritable protecteur de l'ouvrier et du prolétaire, pourra exiger l'accomplissement des devoirs avec d'autant plus d'autorité, qu'il aura consacré et assuré tous les droits. Ce ne sera plus par la force brutale, par le dédain, par le despotisme qu'il dictera des lois; mais il invoquera la raison, la puissance même des garanties qu'il aura données, l'efficace protection qui s'étendra à tous les membres de la famille française.

Il pourra dire au travailleur : « Frère, la société assure » ton bien-être, ton avenir, ton existence présente; mais, » en revanche, elle veut étendre sa juridiction sur tes » mœurs, sur ta conduite, sur ta vie. Elle n'entend pas » que tu sois dissolu, paresseux, mauvais fils ou mauvais » père, ou mauvais époux, ou mauvais citoyen. Si tu veux » être digne du titre de travailleur, qui sera désormais ho- » noré et respecté, tu dois être pur, honnête, économe, » laborieux, sobre et sage; à ces titres, tu seras protégé. » Si tu manques à tes devoirs, tu seras déchu de tes droits, » ta conduite sera strictement surveillée, tes désordres » sévèrement réprimés : le vice et la paresse ne seront plus » tolérés. »

Comme consécration de ces paroles, je voudrais que dans chaque ville, dans chaque commune, un syndicat fût formé pour chaque corporation de travailleurs, et par profession; que ce syndicat fût composé de membres élus par les travailleurs et choisis parmi les travailleurs; que ce syndicat devînt un conseil de famille, une première juridiction à laquelle serait soumis le travailleur pour y recevoir des conseils ou des réprimandes, et dont il serait justiciable. Ce serait une espèce de magistrature populaire composée des plus dignes.

Je voudrais que chaque classe de travailleurs qui reçoivent salaires ou appointemens fût ainsi organisée, et que chaque travailleur fût porteur d'un livret destiné à recevoir les notes du maître ou du patron, ainsi que l'opinion du syndicat ou conseil de famille, afin que la vie du travailleur fût retracée sur le livret, qui deviendrait un titre permanent à la protection ou au blâme, à la récompense ou au châtiment, à l'estime ou au mépris.

Je voudrais que lorsqu'un syndicat d'une classe de travailleurs serait appelé à prendre une délibération importante, il pût s'adjoindre un ou plusieurs membres des conseils municipaux ou des chambres de commerce, suivant la localité, spécialement lorsqu'il s'agirait de circonstances graves qui menaceraient le corps des travailleurs dont ce syndicat serait l'organe.

Je voudrais que, pour chaque genre de profession, le syndicat des corporations dans les départemens pût communiquer avec le syndicat central de Paris pour la même profession.

Et si, comme je le pense, cette organisation des travailleurs donne les moyens d'un contrôle efficace sur la conduite de chacun, je voudrais qu'on assurât le triomphe de ces idées par un *code des travailleurs*, qui réglerait les mesures disciplinaires applicables par le syndicat aux délinquans.

Et comme l'État serait régulateur suprême, ce serait avec la sanction, avec l'appui de la loi et de la force publique, au besoin, que les décisions des syndicats seraient exécutées.

Il ne faut pas s'effrayer des difficultés de ce projet d'*organisation des travailleurs*. Pour en admettre l'exécution, il suffit de se rappeler que le personnel nombreux de l'armée navale, que tous les marins classés des divers quartiers maritimes sont soumis, au moyen de registres matricules, à un contrôle qui permet à l'État de les suivre dans toutes les phases de leur existence, de les tenir sous sa discipline, et, pour ainsi dire, de ne pas les perdre de vue.

Les idées d'ordre et d'administration ont fait de tels progrès en France, qu'il ne faut pas s'effrayer de l'exécution, si les idées soumises sont reçues comme utiles et avantageuses.

J'aborde la question relative à l'emploi qui sera fait des fonds accumulés dans la caisse des travailleurs; mais, auparavant, il convient de faire comprendre que ce capital sera la *propriété* des travailleurs, puisqu'ils auront contribué à le former par une retenue sur leurs salaires et qu'ils auront ainsi acquis des *droits* à la protection de l'État.

Dès-lors, il faut rejeter bien loin, comme contraire aux principes qui viennent d'être proclamés, comme indigne d'une société civilisée et fraternelle, cette idée, trop longtemps tolérée, qui pouvait attacher quelque humiliation aux secours répartis au travailleur malheureux. Ce ne sera plus un don, une assistance, une aumône, à charge à la dignité de l'homme, qui seront départis; les libéralités de l'État envers les travailleurs seront puisées au budget des travailleurs; elles auront une origine aussi noble, aussi respectable que celle qui s'attache aux pensions, aux rémunérations accordées aux défenseurs de la patrie et à leurs veuves; car le travailleur est, lui aussi, le soutien de la patrie, le soldat de la paix et de la prospérité. Nous aurons ainsi trouvé le moyen d'ennoblir le secours dans son origine, et nous en éviterons l'abus par le sévère contrôle de l'État sur les travailleurs.

Comment seront répartis ces secours?

Pour venir en aide au travailleur valide qu'atteint le chômage, le moyen le plus moral et le plus efficace est de lui procurer du travail.

J'arrive ainsi à la question la plus difficile et la plus controversée, celle des ateliers nationaux, et, tout d'abord, j'approuve la création de ces ateliers.

Leur création n'offre aucune difficulté; mais voici les objections :

1°. Quels genres de travaux ferez-vous exécuter dans les ateliers nationaux ?

2°. Le surplus de fabrication résultant des travaux de l'atelier national, et la modicité du prix de revient, ne formeront-ils pas, si l'on vend les produits à la consommation, une concurrence fatale aux industriels qui, chargés de frais, d'impôts et de droits de patentes, supportant une main-d'œuvre plus rétribuée, ne pourront fabriquer dans les mêmes conditions d'économie, et devront lutter contre une production exagérée ?

Un volume suffirait à peine pour répondre à cette question.

Je ne ferai donc qu'esquisser les considérations qui peuvent contribuer à calmer ces alarmes.

En premier lieu, je crois que les objets qu'on devra, de préférence, fabriquer dans les ateliers nationaux, sont ceux de consommation qui s'appliquent aux classes nombreuses; et s'il est vrai, comme nous le verrons plus tard, que l'Etat soit appelé à donner, sur une large échelle, des secours aux travailleurs, et qu'il doive s'attacher aux secours en nature plutôt qu'à ceux en argent, il devrait faire confectionner des vêtemens de toute espèce dont la fabrication ne pourra nuire aux industriels, car l'Etat distribuera ces vêtemens *non à ceux qui les auraient achetés, mais à ceux qui s'en seraient passé* et qui, par conséquent, auraient souffert.

Cette première condition procurerait surtout du travail à une fraction de la société qui supporte souvent des douleurs et des privations inouies, c'est-à-dire aux femmes qui vivent des travaux de l'aiguille, à ces victimes faibles et timides qui n'ont aucun moyen de faire entendre leurs gémissemens et leurs plaintes, à ces veuves qu'un jour de chômage réduit aux horreurs de la faim ou à la tentation de la mendicité, à ces jeunes filles condamnées à vivre sur le seuil de la prostitution, et que la misère seule conduit souvent dans le précipice.

La confection des objets de première nécessité que l'Etat pourrait donner, sans préjudice pour les industriels, au travailleur malheureux ou invalide qui *serait obligé de s'en passer s'il fallait les acheter*, cette confection fournirait un long aliment aux salaires. Je veux parler de tous les vêtemens qui intéressent autant la santé que les besoins du travailleur pauvre, et, par ce système, on rendrait le travail des uns profitable au soulagement des autres.

Pour protéger les intérêts des industriels sur tous les autres objets fabriqués dans les ateliers nationaux, le seul moyen praticable serait celui-ci : lorsque l'Etat ferait vendre au profit du budget des travailleurs les objets fabriqués dans l'atelier national, et relatifs à une industrie spéciale, il ne devrait admettre, comme acquéreurs à l'enchère publique que les fabricans et marchands rattachés à cette même industrie et pour lesquels la vente peut créer une concurrence. De cette manière, ces derniers continueraient à concentrer tous les objets relatifs à leur commerce, l'adjudication limitée entre eux ne ressortirait qu'à la véritable valeur des objets et leur réserverait, comme cela est équitable, le bénéfice résultant de la vente directe à la consommation.

En ce qui concerne l'Etat, il devrait organiser administrativement les ateliers nationaux, pour compte du budget des travailleurs, avec économie et réserve, mais sans se préoccuper des pertes qu'ils pourraient laisser, car ces ateliers ne seraient point une spéculation, mais bien plutôt une nécessité imposée par les idées nouvelles qu'il faut absolument adopter.

Au surplus, il ne faut pas trop se livrer à la crainte que les travailleurs abonderont dans l'atelier national, et que, par conséquent, les produits de tout genre déborderont la consommation. L'organisation même des travailleurs, comme nous l'avons conçue, l'autorité des syndicats, la surveillance qu'ils exerceront sur les ouvriers, sont autant de garanties qui font espérer que, dans l'état normal des affaires et du commerce, avec un gouvernement stable et juste comme celui de la République, le chômage se trouvera considérablement atténué.

Il faut ajouter que l'État, n'ayant aucun motif de faire vendre précipitamment les objets confectionnés dans les ateliers nationaux, pourrait choisir les momens les plus opportuns pour l'adjudication des produits, et s'entendre même avec les syndicats et les industriels pour déterminer les époques de vente et la quantité des produits à vendre; car la création des ateliers nationaux, qui a pour but de favoriser le travail, ne devrait pas l'entraver.

Ces premières bases étant posées, il faut reprendre, pour les résoudre, les problèmes que nous avions indiqués :

« 1°. Que doit-on faire pour améliorer le sort des tra-

» vailleurs de certaines classes vouées à des professions et » des travaux dont le salaire ne suffit point à leurs besoins » ou à ceux de leur famille ? »

Il est des contrées où l'industrie, les produits agricoles, ne peuvent supporter qu'un salaire insuffisant pour le travailleur. — Imposer une augmentation au fabricant ou au propriétaire, c'est tarir la source même qui alimente le pays.

Dans cette hypothèse, dont la conséquence est la souffrance du travailleur, il faut résolument aborder la question, et après une enquête solennelle, à laquelle prendront part les ouvriers et les patrons, avec le concours du syndicat dont nous avons demandé l'institution, et l'appui des conseils municipaux, il faut, si le salaire est insuffisant, l'élever au taux reconnu indispensable, et, pour arriver à ce but, puiser le supplément de salaire dans le budget des travailleurs.

2°. Que doit-on faire pour améliorer le sort des travailleurs qui, par des circonstances fatales, indépendantes de leur volonté, ne peuvent, malgré leurs efforts, se procurer le travail auquel ils sont aptes, et ne peuvent ainsi momentanément pourvoir à leurs besoins et à ceux de leur famille ?

La première condition est de s'assurer, par le rapport du syndicat et par l'inspection du livret, de la conduite du travailleur; et si l'impossibilité réelle de trouver un emploi est constatée, le diriger sur l'atelier national.

N'oublions pas que le syndicat des travailleurs, en même temps qu'il exercerait une surveillance sur les ouvriers, serait en rapports constans avec les maîtres et patrons, et que vers ce centre aboutirait la connaissance exacte des besoins réciproques d'ouvrage et de travailleurs. Ce double contrôle aiderait beaucoup à connaître la position réelle des travailleurs.

3°. Que fera-t-on pour les veuves et les orphelins qui, privés subitement de leur appui et de leur protecteur par la mort du chef de famille, se trouvent livrés à la misère et à l'abandon ?

Le premier sentiment de commisération et de pitié indique qu'il faut voler à leur secours : mais les ateliers nationaux peuvent offrir à la veuve la ressource d'un salaire proportionné moins à l'œuvre qu'elle entreprend qu'aux besoins de sa famille, jusqu'à ce que la Providence ait adouci son sort ou que sa tendresse maternelle lui ait inspiré de nouveaux desseins, ce qui arrive aujourd'hui même que la société l'oublie et l'abandonne à son désespoir.

Il faut établir encore que, s'il s'agit d'un travailleur qui pendant de longues années a alimenté le budget des travailleurs par une retenue sur ses salaires, l'Etat devra, sur le rapport du syndicat et les notes inscrites au livret du travailleur décédé, régler une pension pour la veuve. Le témoignage du syndicat et du livret doit être consulté, car il faut que le travailleur n'oublie jamais que sa conduite pourra toujours influer sur son sort et celui de sa famille.

4°. Que faut-il faire pour améliorer le sort des travailleurs qui, par maladie, ne peuvent gagner le salaire nécessaire à leurs besoins et à ceux de leurs familles ?

5°. Enfin qu'adviendra-t-il pour les vieillards que la faiblesse ou les infirmités de l'âge arrêtent dans leurs travaux ?

Je confonds, à dessein, ces deux questions; car, dans

la première, il s'agit de l'invalide temporaire, et, dans la seconde, de l'invalide définitif du travail.

Pour le travailleur arrêté momentanément pour cause de maladie ou de blessure, il faut, nécessairement, et si sa position le réclame, qu'il trouve des soins et des ménagemens gratuits s'il est seul ; un secours efficace pour sa famille s'il en a. C'est une dette sacrée que lui doit la société, puisque c'est à son service qu'il a été atteint. Il ne faut pas, comme cela arrive aujourd'hui, que ses faibles ressources, son faible mobilier s'anéantissent, ce qui ajoute sa ruine à ses douleurs. Le retour à la santé ne serait pour lui que la conscience de sa misère.

La protection à donner au travailleur arrêté par l'âge est un *droit* qu'il aurait acquis par une vie laborieuse et par les versemens que, pendant sa longue carrière, il aurait fait dans la caisse du travail.

Deux moyens équitables s'offrent pour acquitter envers lui cette dette sacrée :

1°. La pension de retraite proportionnée à son âge, à ses années de travail, aux versemens qu'il aurait faits ; et, dans ce cas, je voudrais l'intervention du syndicat, qui ferait un rapport sur la situation du travailleur invalide.

Et comme je n'admets la pension de retraite que pour celui qui, vivant dans sa famille, ne peut en être séparé et ne peut être privé des douceurs du foyer domestique, je voudrais que le rapport du syndicat constatât quels appuis, quels secours, le travailleur invalide pourrait trouver dans sa propre famille.

Ces diverses considérations permettraient de fixer équitablement la quotité de la retraite.

2°. Le second moyen serait applicable aux travailleurs

invalides qui, privés de famille, sont livrés à l'isolement, et, pour ceux-là, j'admettrais complétement l'idée du phalanstère, de la vie en commun, parfaitement applicable à tous ces travailleurs parvenus à la fin de leur carrière, soumis aux mêmes besoins, et qui se trouveraient alors placés dans les conditions d'une égalité absolue : l'économie qui en résulterait serait énorme, ce qui n'a pas besoin d'être démontré.

Mais je ne voudrais pas que ces hôtels des invalides civils fussent construits dans les villes, et qu'à l'instar de ce qui se pratique pour les hospices, le travailleur y fût cloîtré et privé de sa liberté.

Je voudrais que ce dernier asile de l'ouvrier honnête, du travailleur épuisé fût fondé dans les champs, sous un ciel libre et pur. Je voudrais que ces asiles et les terrains environnans fussent acquis par les fonds du budget des travailleurs, afin que ces derniers fussent pénétrés de cette idée qu'ils sont aussi propriétaires en commun, et que, sur cette terre de France, ils sont, comme tous, attachés au sol comme ils le sont à la patrie.

C'est ainsi que, sans toucher à la liberté du travail, on aurait pourvu, ce me semble, à toutes les nécessités qui poursuivent, qui tourmentent le travailleur, et que, désormais, sa part serait faite dans la civilisation, sa place serait marquée au banquet de la vie.

L'expérience corrigerait sans doute, dans les détails, quelques-uns des aperçus que j'ai indiqués; mais l'idée première, celle de placer, dans les grandes administrations de l'Etat, un pouvoir spécial chargé de protéger, de moraliser le travailleur, ne serait pas la moindre conquête de l'esprit du siècle. Ce serait encore le témoignage vivant que la Révolution de Février a porté ses fruits: ce serait la consécration de l'alliance indestructible entre l'autorité et le peuple des travailleurs.

Considérée sous cet aspect, la question mérite les sympathies et la sérieuse attention des hommes éclairés qui se sont préoccupés long-temps des souffrances du prolétaire.

Il y aurait une dernière question à poser, ainsi conçue :

« Que faudrait-il faire pour ramener au travail les hom-
» mes égarés par le vice, dégradés par la paresse, qui ne
» veulent rien par le travail et veulent tout par les moyens
» que réprouvent la morale et les lois ? »

Cette question se rattache à la moralisation des masses; elle ne rentre pas dans mon sujet, mais elle en est l'accessoire indispensable. Je ne dois pas la traiter, mais je la trouverais résolue par l'adoption du vœu qui est exprimé de toutes parts, celui d'une éducation nationale, publique, gratuite et *obligatoire*.

Je résume le système proposé dans la formule suivante :

L'Etat pourvoira aux éventualités qui menacent le travailleur.

Pour atteindre ce but :

Création d'un ministère spécial des travailleurs ;

Fondation du budget de recettes et dépenses des travailleurs ;

Lois pour assurer les recettes et pour sanctionner les dépenses ;

Etudes pour l'aliment et l'emploi des fonds de ce budget;

Institution d'un syndicat formé par l'élection dans chaque catégorie de travailleurs, suivant la profession ;

Action ferme et directe de l'Etat sur les travailleurs, appuyée par l'influence et l'autorité des syndicats ;

Code des travailleurs.

Ce n'est point par un élan spontané que j'ai préparé cet essai sur l'une des questions les plus importantes qui soit offerte à la société moderne. Ce travail est le résultat de longues méditations commencées bien antérieurement à la révolution qui vient de s'accomplir, et inspirées par un véritable sentiment fraternel. (1)

En offrant à mes concitoyens le tribut de mes faibles efforts, en sortant un moment de mon obscurité, j'ai cédé à la pensée que je faisais acte de bon citoyen. Je ne demande pas qu'on me juge sur mes mérites, mais d'après mes intentions. J'ai pu me tromper, mais en consultant ma conscience, j'y trouve le témoignage qu'elle ne fut inspirée que par un ardent amour de l'humanité.

FIN.

(1) Je sais que je n'ai point formulé un système complet, et que ce plan laisse beaucoup à désirer ; mais peut-être pourra-t-il fournir quelques idées praticables et utiles.

APPENDICE.

Il n'est pas inutile de faire remarquer que, depuis la publication de la première édition de cette brochure, Lamennais a fait paraître une série d'articles dans le journal *le Peuple Constituant.*

Il arrive à cette conclusion :

« Ainsi, le problème du travail, dans son expression la » plus générale, consiste à fournir aux travailleurs les » moyens *d'accumuler à leur profit une portion du produit* » *de leur travail.* »

Louis Blanc, dans son livre de l'organisation du travail, 4e. édition, page 40, s'exprime ainsi en ce qui a rapport à l'épargne :

« En soi, l'épargne est chose excellente ; il n'y aurait à » le nier qu'affectation puérile et frivole ; mais — qu'on » le remarque bien — combinée avec l'individualisme, » l'épargne engendre l'égoïsme ; elle fait concurrence à » l'aumône ; elle tarit imperceptiblement, dans les meil- » leures natures, les sources de la charité ; elle remplace » par une satisfaction avide la sainte poésie du bienfait. »

« Combinée avec l'association, au contraire, l'épargne » acquiert un CARACTÈRE RESPECTABLE, une IMPORTANCE » SACRÉE. N'épargner que pour soi, c'est faire acte de dé- » fiance à l'égard de ses semblables et de l'avenir ; mais » épargner pour autrui, en même temps que pour soi,

» *ce serait pratiquer* LA GRANDE PRUDENCE, ce serait donner à la sagesse LES PROPORTIONS DU DÉVOUEMENT. »

Ainsi, Lammenais approuve mon système dans ses conclusions, et Louis Blanc qui, par occasion, a effleuré le sujet avant d'arriver à l'exposition du plan qu'il avait conçu, a donné une sanction éclatante à *l'association générale de l'épargne*, c'est-à-dire aux idées que je propose.

Au moment où, dans le sein même de l'Assemblée Nationale et dans la presse, on s'évertue à faire comprendre que tous les citoyens sont du peuple, afin de détruire ainsi des préventions qui tendent à créer une apparence d'antagonisme entre ceux qu'on s'obstine à diviser en bourgeois et en prolétaires, il me semble qu'on arriverait à la conciliation désirée, bien moins par les dissertations et la polémique, que par l'adoption d'une mesure qui consacrerait un véritable principe de confraternité. — Ce but me paraîtrait atteint par la vaste association pour l'épargne, qui rendrait tous les citoyens tributaires et solidaires dans la noble pensée de tendre une main fraternelle à tous les travailleurs malheureux, et d'anéantir les causes de leurs longues souffrances.

En demandant la création d'un ministère spécial des travailleurs, j'ai compris que le budget dont je propose la création serait administré en dehors de celui de l'État, sous la sanction de l'Assemblée Législative, et que les fonds de ce budget devraient être placés, par des lois spéciales, à l'abri de toute éventualité.

www.ingramcontent.com/pod-product-compliance
Ingram Content Group UK Ltd.
Pitfield, Milton Keynes, MK11 3LW, UK
UKHW012120240726
13965UKWH00005B/1877

9 782012 988279